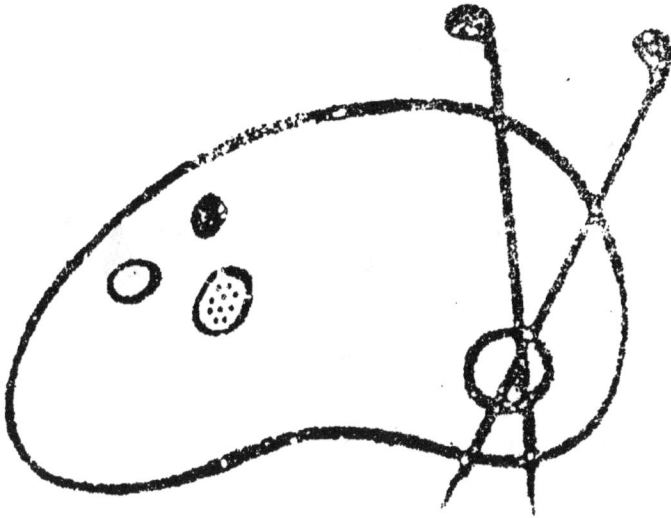

Début d'une série de documents
en couleur

L'AVEUGLE

DE MARCENAY

OU

LA DÉSOBÉISSANCE PUNIE

PAR JUST GIRARD

AM

TOURS

Ad MAME ET Cie, IMPRIMEURS-LIBRAIRES

BIBLIOTHÈQUE DES ÉCOLES CHRÉTIENNES

Animaux remarquables (les), par C. G.

Armande, par Mme la C^{sse} de la Rochère.

Auguste et Paul, ou la Gourmandise punie, par Stéphanie Ory.

Aveugle de Marcenay (l'), ou la Désobéissance punie, par Just Girard.

Croix de Perles (la), suivi de la Robe blanche et de les Deux Sœurs, par Mlle Gabrielle de ***

Berthilde, par Mme la C^{sse} de la Rochère.

Bonne Tante (la), par M. E.

Deux Cousines (les), suivi de une Prévention, par Mlle Gabrielle de ***

. Deux Marie (les), ou les Étrennes, par Stéphanie Ory.

Dix Contes pour l'Enfance, par Mme C. G.

Doigt de Dieu (le), par Ch. M.

Édouard et Henri.

Famille Bellefond (la), par Mme Fanny de Mouzay.

Françoise, ou la jeune Indienne, par Stéphanie Ory.

Hortense, ou Grandeur et Infortune, par Stéphanie Ory.

Honnête Ouvrier (l'), par Mme la C^{sse} de la Rochère.

Jeune Meunière (la), par Mme Camille Lebrun.

Laurent le Paresseux, par M. E.

Leçon de Charité (la), par Mme Fanny de Mouzay.

Leçons pour les Enfants, par Miss Barbault.

Lectures pour l'Enfance, par Mme Fanny de Mouzay.

Marcel et Justin, ou les petits Négociants, par Just Girard.

Mémoires d'une Grand'Mère (les), par Mme la V^{sse} de Saint-P**.

Norbert, ou le Danger des mauvaises plaisanteries, par Stéphanie Ory.

Petit Matelot (le), par Mme Césarie Farrenc.

Récits du vieux Soldat (les), dédiés à l'enfance.

Soirées instructives et amusantes, par Mme de ***

Tante Ursule (la), par Mme la V^{sse} de Saint-P**

Victor et Jacques, ou les Suites de la Paresse, par J. Girard.

Voyage en Californie, par H. de Chavannes.

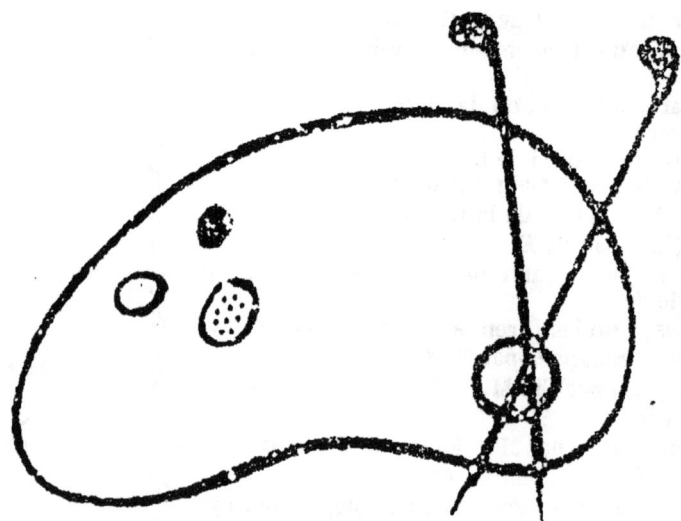

Fin d'une série de documents
en couleur

BIBLIOTHÈQUE

DE LA

JEUNESSE CHRÉTIENNE

APPROUVÉE

PAR Mgr L'ARCHEVÊQUE DE TOURS

2e SÉRIE IN-18

L'Aveugle de Marcenay.

1

L'AVEUGLE
DE MARCENAY

OU

LA DÉSOBÉISSANCE PUNIE

PAR

JUST GIRARD

NOUVELLE ÉDITION

« Père et mère honoreras. »

TOURS

ALFRED MAME ET FILS, ÉDITEURS

1881

L'AVEUGLE

DE MARCENAY

I

« Chrétiens charitables, ayez pi-î-î-tié de ce pau-ô-ô-ooovre aveu-eu-euglou !... pôôôôvre aveu-eu-eu-glou !... »

Telle était la formule employée par un vieil aveugle que j'ai beaucoup connu dans ma jeunesse, pour implorer la pitié des passants. Mais ce qu'il m'est impossible de faire comprendre à mes lecteurs, ce sont

les intonations bizarres dont il se
servait pour articuler ce petit nombre de syllabes, et faire retentir au
loin cet appel à la charité publique.
J'ai bien essayé, en multipliant et
les voyelles et les diphtongues,
d'en donner à peu près une idée ;
mais il n'existe pas de signes pho-
niques capables de rendre l'espèce
de gémissement ou plutôt de hur-
lement lugubre qu'il faisait sortir
de son gosier, d'abord faiblement,
puis *crescendo,* puis de toute la
force de ses poumons, et qu'il ar-
rêtait sur la dernière syllabe *glou,*
comme s'il eût été tout à coup suf-
foqué.

Le lieu où il stationnait habi-
tuellement ajoutait encore à l'effet
de cette lamentable supplication.

C'était une espèce de rond-point appelé le carrefour de la Croix-Verte, entouré de haies touffues et d'arbres assez élevés, auquel aboutissaient plusieurs chemins très fréquentés, surtout pendant la belle saison. L'un de ces chemins était une route de traverse beaucoup plus courte, quoique moins commode que la grande route, pour aller au chef-lieu du département; aussi était-elle préférée en été par la plupart des piétons qui s'y rendaient d'une petite ville voisine, et en toutes saisons par les habitants des fermes et des villages d'alentour, pour porter leurs denrées au marché. Le carrefour était encore traversé par un chemin vicinal servant de communication entre le bourg

de Marcenay et quelques hameaux
qui en dépendaient.

Tous ces chemins étaient, comme
le carrefour, garnis de haies et d'arbres qui dérobaient aux voyageurs
la vue des champs voisins, et don-
naient à ce pays, qui pourtant en
est à plus de cent lieues, une certaine ressemblance avec le Bocage
vendéen. Aussi, quoique le bourg
de Marcenay ne fût pas éloigné de
plus d'un kilomètre, et qu'il y eût
dans presque toutes les directions
des habitations assez rapprochées,
on se serait cru dans un lieu complètement isolé quand on arrivait à
la Croix-Verte.

On comprend, d'après ce qui pré-
cède, qu'en approchant de cette
solitude un étranger, s'il n'avait

pas été averti, ne pouvait s'empê-
cher d'éprouver une certaine émo-
tion qui pouvait bien ressembler à
de la frayeur quand il entendait,
sans voir encore personne, beugler
le vieil aveugle de la manière que
j'ai essayé de décrire; sans compter
que la vue du personnage n'était
guère faite pour vous rassurer. Fi-
gurez - vous, en effet, un homme
d'une haute taille, vêtu d'une blouse
de toile écrue et d'un pantalon de
même étoffe, coiffé d'un bonnet de
laine grise qui lui cachait une partie de la figure, apparaissant tout à
coup sur le bord du chemin, sans
qu'on aperçoive d'où il est sorti,
et continuant sur un ton de plus
en plus lugubre l'invocation que
vous savez.

Il y avait certainement dans cette
scène inattendue de quoi effrayer
quelqu'un de plus brave que je ne
l'étais à l'époque où, pour la première fois, j'ai entendu et vu l'a-
veugle de Marcenay; car, j'ai hâte
de le dire, pour que mes jeunes
lecteurs ne m'accusent pas de pol-
tronnerie, je n'avais alors que
douze ans; je l'avoue, j'ai ressenti
un grand effroi; mais, il est vrai
aussi, je n'ai pas tardé à en rire et
à en rougir surtout, comme d'une
faiblesse impardonnable à un garçon de mon âge, et revêtu de l'u-
niforme que j'avais l'honneur de
porter.

II

En effet, j'étais élève du Pry-
tanée de la Flèche, où j'étais entré
depuis deux ans en qualité de bour-
sier, comme fils d'un capitaine tué
dans une campagne d'Afrique.

Au moment de mon admission
dans ce collège militaire, ma mère,
qui n'avait guère pour vivre que sa
modique pension de veuve d'officier,
était venue, par économie, habiter
chez une vieille tante qui l'avait
élevée et qui demeurait à Marcenay.

Dans une ville, ma mère, malgré l'ordre qu'elle apportait dans ses

dépenses, eût été gênée, et n'eût vécu que de privations. A la campagne elle vivait d'une manière convenable à son rang, et elle trouvait encore le moyen de mettre de côté de quoi me procurer quelques petites douceurs au collège, et même de payer mon voyage pour venir passer les vacances auprès d'elle.

La première année de son installation à Marcenay, elle n'avait pu, à son grand regret et au mien, réaliser une somme suffisante pour cet objet; mais la seconde année elle y était parvenue, et j'avais pu enfin, après deux ans d'absence, serrer sur mon cœur cette tendre mère.

C'était là première fois que je la revoyais après une aussi longue

séparation, et je puis dire, sans
crainte de n'être pas compris de
ceux qui aiment réellement leur
mère, que ce jour-là a été pour moi
un des plus heureux de ma vie.

J'étais surtout heureux de son
bonheur, qui éclatait dans ses yeux,
dans sa physionomie, dans les caresses dont elle m'accablait. Elle
était fière de ma bonne mine, de ma
taille, qui avait pris un accroisse-
ment assez considérable, et surtout
de mes progrès et de ma bonne con-
duite; car j'avais rapporté deux premiers prix, un second, trois acces-
sits et d'excellentes notes de mes
maîtres et du commandant de l'é-
cole. Aussi sur les manches de ma
tunique s'étalait le double galon de
caporal, dont j'étais aussi fier que

je le fus plus tard de ma première épaulette d'or.

Ma grand'tante, que je ne connaissais pas encore, me fit aussi beaucoup de caresses; mais elle ne pouvait s'accoutumer à mon uniforme, et souvent elle disait à ma mère : « En vérité, je ne conçois pas que toi, qui as perdu ton mari à l'armée, tu veuilles encore faire de ton fils un militaire.

— Mon Dieu, ma tante, lui répondait ma mère, jamais je ne m'opposerai à ce qu'Arthur suive une autre carrière si sa vocation l'y appelle; mais moi, fille, veuve et sœur de militaires, je ne saurais rêver pour lui d'autre état que celui de soldat. »

Et moi, je n'en rêvais pas d'autre

non plus, et j'aurais été au désespoir que ma mère eût partagé là-dessus les opinions de sa tante.

Aussi il fallait voir avec quelle allure toute militaire je donnais le bras à ma mère quand elle me conduisit en visite chez M. le curé, chez M. le maire et chez les principaux habitants du bourg; comme je portais coquettement mon képi légèrement incliné sur l'oreille gauche, comme je marchais le jarret tendu et la pointe du pied basse, et avec quelle grâce je saluais, sans cependant les regarder, la foule des paysans et des paysannes accourus sur leurs portes pour me voir passer.

Dans le cours de nos visites, je fus présenté à plusieurs petits garçons de mon âge, avec lesquels ma mère

désirait me faire faire connaissance.
Tous me regardaient avec admira-
tion , et ne demandaient pas mieux
que de devenir les camarades d'un
jeune homme revêtu d'un si bril-
lant uniforme. De mon côté, j'étais
enchanté de trouver des compagnons
de jeux pendant le temps que je
devais passer à la campagne.

La connaissance fut donc bientôt
faite , et dès le premier jour, ou le
lendemain, toute espèce de réserve
avait disparu entre nous, et nous
nous tutoyions comme de vieux
amis.

Ces jeunes gens étaient les deux
fils du maire, l'un âgé de quinze
ans, l'autre de treize; le fils du percepteur, âgé comme moi de douze
ans , mais beaucoup plus grand;

enfin le fils et le neveu d'un riche propriétaire du pays, ayant, l'un treize, et l'autre quatorze ans.

J'étais le plus petit et à peu près le plus jeune de la bande joyeuse; cependant mes cinq camarades, soit par courtoisie pour un nouveau venu, soit par l'influence de mon uniforme, m'accordèrent dès le premier jour une sorte de préséance que je conservai tout le temps de mon séjour à Marcenay. Il est vrai qu'André Colard, le fils aîné de M. le maire, qui par son âge aurait dû exercer ce privilège, était un grand dadais, qui avait toujours l'air de s'étonner de tout, et qui, en fait de jeux et d'amusements, eût préféré ceux des enfants de six à sept ans à ceux de notre âge. Son

frère Émile, au contraire, avait une
mine gaillarde et lutine qui faisait
un contraste frappant avec la figure
bonasse de son aîné. Toujours gai,
toujours de bonne humeur, Émile
était toujours disposé à se ranger de
l'avis des autres, à accepter le jeu
ou la partie que l'on proposerait,
se réservant d'en prendre sa part
consciencieusement, mais aussi de
rire de bon cœur des gaucheries ou
des maladresses de tout le monde,
même des siennes.

Édouard Bonami, le fils du riche
propriétaire dont j'ai parlé, son cousin Camille, et Jules Blanchet, le
fils du percepteur, étaient tous trois
ce qu'on peut appeler de bons enfants, faciles à vivre. Sans doute il
y avait entre eux des nuances de

caractère assez marquées; mais,
outre qu'elles l'étaient beaucoup
moins qu'entre les frères Colard, je
n'en ai guère conservé le souvenir,
car je ne les ai connus que pendant
ces premières vacances, et je ne
veux pas perdre mon temps à vous
faire ici un portrait de fantaisie, qui
n'aurait du reste aucun rapport avec
l'histoire que je veux vous raconter.

III

Pendant les premiers jours, je fus
invité à dîner et à passer la journée
tour à tour chez M. le maire, chez
M. Bonami et chez le percepteur. Il

est bien entendu que tous les camarades dont j'ai parlé faisaient partie de l'invitation. Puis c'étaient des promenades dans les jardins, ou bien nous jouions à tous les jeux usités dans les récréations des collèges, aux barres, au cheval fondu, au saut de mouton, à la balle empoisonnée, à la marelle, etc., jeux dont plusieurs étaient inconnus à Marcenay, et que j'y ai introduits, à la grande satisfaction des bambins du pays.

Parfois nous faisions quelques petites excursions dans le voisinage; nous allions pêcher aux écrevisses dans le ruisseau de la vallée, ou tendre des gluaux ou des raquettes pour prendre de petits oiseaux; ou bien nous allions manger du lait à une belle ferme appartenant à M. Bonami, et y cueillir des poires et des noisettes.

En revenant d'une de ces promenades, Édouard nous proposa de passer par le carrefour de la Croix-Verte; Émile répondit que cela lui était parfaitement égal, et Jules me demanda mon avis. « Ma foi, Messieurs, répondis-je, je ne connais nullement ce chemin, et par conséquent je ne saurais vous donner mon opinion; seulement, comme il se fait tard, si cela nous allonge, je crois qu'il serait mieux de reprendre la route que nous avons suivie en allant.

— Non, répliqua Édouard, cela n'allonge pas.—C'est vrai, c'est vrai, répondirent tous les autres. — Eh

bien! repris-je, va pour la Croix-
Verte! en avant. » Et en disant ces
mots je me mis à marcher rapide-
ment sur le chemin qui m'était in-
diqué.

Mes camarades, à dessein sans
doute, me laissèrent prendre une
certaine avance sur eux, de sorte
que je me trouvai seul en arrivant
près du carrefour. Tout à coup j'entends sortir de cette espèce de fourré
une voix lamentable et des sous
étranges dont je ne distinguais pas
la signification. Je m'arrête, croyant
au premier moment que ce sont les
plaintes de quelque malheureux à
qui il vient d'arriver un accident;
mais au même instant je vois se
dresser à dix pas devant moi une
espèce de fantôme qui s'avançait

lentement en poussant les mêmes lamentations.

A cette vue la frayeur me saisit, et je m'enfuis tout effaré auprès de mes camarades en criant : « Ah ! mon Dieu ! qu'y a-t-il donc là ! » Et mes cinq gaillards m'éclatent de rire au nez, et continuent de s'avancer gaiement vers l'objet qui m'avait si fort épouvanté.

Je compris à l'instant que j'avais fait une sottise, et je m'efforçai de mon mieux à la réparer, en reprenant un air assuré et en demandant à Émile, avec le plus de calme que je pus affecter, quel était cet individu qui se plaçait ainsi comme un épouvantail sur le bord du grand chemin.

« Comment ! me répondit-il avec

1*

son petit air narquois, tu ne connais pas le père Michel, l'aveugle de Marcenay! mais il est connu de tout le monde, hommes, femmes et enfants, à plus de dix lieues à la ronde.

— C'est possible, repris-je; mais moi, qui arrive de cent lieues, il n'est pas étonnant que je n'en aie pas entendu parler.

— Oh bien! nous allons te faire faire sa connaissance; car il est aussi bon qu'il est laid, et certes ce n'est pas peu dire. »

Tout en parlant ainsi, nous nous étions rapprochés du carrefour, et l'aveugle, qui nous entendait, avait cessé son appel retentissant. Il était debout à l'endroit où je l'avais vu, récitant à mi-voix des patenôtres sur un chapelet qu'il roulait dans

sa main droite, tandis que sa main
gauche était appuyée sur un grand
bâton, et tenait en même temps le
rebord d'un grand chapeau, dont
l'intérieur se trouvait ainsi placé
comme un tronc pour recevoir les
aumônes des passants.

Quand nous fûmes arrivés auprès
de lui, mes cinq camarades l'entou-
rèrent en répétant chacun : « Bonjour, père Michel! bonjour, père
Michel! » Et tous en même temps
mirent une petite pièce de monnaie
dans son chapeau.

« Bonjour, monsieur Édouard!
répondit aussitôt l'aveugle; bonjour, monsieur André! bonjour,
monsieur Émile! bonjour, monsieur
Jules! bonjour, monsieur Camille!...
Merci bien, mes braves messieurs;

merci, mes petits amis, le bon Dieu vous récompensera, parce que vous avez eu pitié du pauvre aveugle. Mais, excusez, Messieurs, je ne vous entends que cinq, et il me semblait que vous étiez six quand vous êtes arrivés.

— Nous sommes six aussi, répondit Jules; mais le sixième est étranger; il ne vous connaît pas.

— Sans compter, ajouta Émile, que vous lui avez fait grand'peur, à ce pauvre garçon.

— Hélas! reprit tristement le vieillard, ce n'est pas ma faute, et c'est un des malheureux effets de ma position. Croyez-le bien, mes enfants, rien ne m'est plus douloureux que de penser que je suis ainsi un objet d'épouvante pour ceux qui

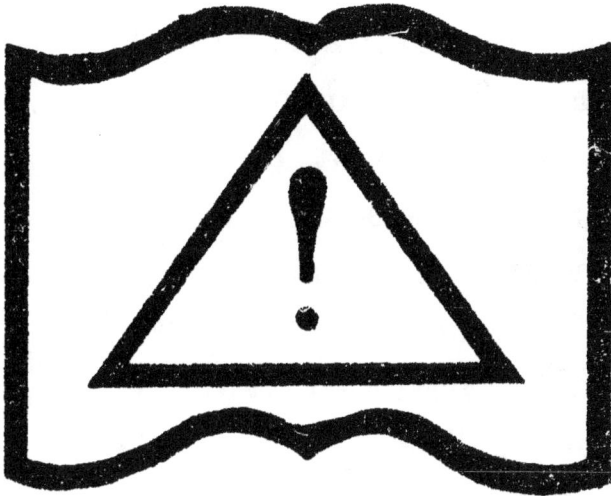

CAHIER (S) OU PAGE (S) INTERVERTI (S) A LA COUTURE
RETABLI (S) A LA PRISE DE VUE.

DE LA PAGE 29
A LA PAGE 32

ne me connaissent pas, et vous au-
riez bien dû prévenir votre ami, afin
de lui épargner une frayeur inutile
et à moi une affliction de plus.

— Ma foi, répondit Édouard,
nous n'y avons pas pensé.

— Je veux bien le croire ; car
vous êtes tous de bons petits garçons qui aimez bien à vous amuser,
mais qui ne voudriez pas faire de la
peine au pauvre monde. Maintenant, ajouta-t-il en élevant la voix,
je m'adresse à vous, Monsieur, qui
ne me connaissez pas encore, et je
vous prie de recevoir mes excuses
pour la peur involontaire que je
vous ai causée.

— Mais je n'ai pas eu peur, répondis-je en rougissant jusqu'aux
oreilles, c'est une invention d'É-

mile; j'ai été un peu surpris, voilà tout...

— Eh bien! au lieu de peur, mettons surprise, si vous y tenez, reprit l'aveugle; dans tous les cas, c'était une surprise fort peu agréable, et je m'en suis bien douté quand je vous ai entendu fuir à mon approche; mais pour vous épargner dorénavant à vous et à moi un pareil désagrément, veuillez me dire votre nom; et je vous reconnaîtrai désormais à votre voix et à votre pas.

— Je m'appelle Arthur Delport.

— Seriez-vous le fils de Mme Delport, qui est élève au collège militaire de la Flèche?

— Je le suis en effet, répondis-je tout surpris : mais vous connaissez donc ma mère?

— Oh! oui, je la connais depuis
deux ans qu'elle habite Marcenay.
C'est une dame bien respectable,
bien charitable, et quand elle fait
une aumône à un pauvre, et que
celui-ci, pour la remercier, lui dit :
« Je prierai bien Dieu pour vous,
Madame, » elle répond : « Priez-le
aussi pour mon fils ; » et voilà comment j'ai su qu'elle avait un fils et
qu'il était élève à la Flèche. Oh !
monsieur Arthur, ajouta le vieillard
d'un ton de voix pénétré, aimez-la
bien votre bonne mère, car elle vous
aime bien... Prenez bien garde surtout de ne jamais lui désobéir ; car le
bon Dieu punit toujours sévèrement
les enfants désobéissants... J'en connais de terribles exemples !... »

Il prononça ces dernières paroles

d'un air sombre et profondément
ému. Je le remerciai de ses conseils,
et, en jetant une faible aumône dans
son chapeau, je lui dis que dorénavant sa rencontre ne me causerait
plus de surprise.

Pour donner à la conversation
une tournure moins mélancolique,
Émile lui demanda : « Eh bien !
père Michel, est-il passé beaucoup
de monde aujourd'hui par le carrefour de la Croix-Verte ?

— Il est passé trente-sept personnes avant vous six, répondit-il
sans hésiter, et je ne compte pas
dans ce nombre les gens de Marcenay qui sont allés faucher et ramas-
ser le regain au pré de l'Étang.

— Et parmi les autres, y avait-

il beaucoup d'étrangers? demanda
Édouard.

— Non, c'étaient tous des gens
du bourg de Silly, du village de
Fresne, de Champvan et de Marcenay, qui allaient à la ville pour
leurs affaires. Quinze sont déjà re-
venus, d'autres doivent encore arriver ce soir; le reste ne reviendra
que demain.

— Et vous les connaissez tous?

— Oh! tous parfaitement, et je
puis vous dire leurs noms : c'étaient
M. Pierre Brunet, le gros marchand
de Silly, qui allait faire des em-
plettes; la femme à Jean Chauvin,
qui reconduisait son nourrisson; les
deux frères Brocart de Fresne, qui
allaient consulter un avocat pour le

procès qu'ils ont avec les Bertrand
de Beauvilliers...

— Tout cela ne nous intéresse
guère, interrompit André : est-ce que
vous n'avez rien vu de plus curieux ?

— Hélas ! que me dites-vous là,
monsieur André ? répondit-il d'un
ton piteux ; il y a quarante-huit ans
que je n'ai rien vu, absolument rien
vu de ce qui se passe sur la terre.

— Mais ce n'est pas ce que j'ai
voulu dire, reprit André tout hon-
teux, je voulais seulement demander s'il n'est passé personne de plus
intéressant que les gens dont vous
nous parlez.

— Ah ! si, si, pardon, j'ai eu la
rencontre d'un jeune homme que
j'ai eu bien du plaisir à reconnaître.
Comme j'entendais s'approcher un

pas qui me semblait étranger, ainsi que celui de M. Arthur tout à
l'heure, je me mis à faire à haute
voix mon invocation ordinaire; mais
à peine en avais-je dit les premiers
mots que j'entends tout à coup une
voix joyeuse s'écrier : « Tiens, tiens,
c'est vous, père Michel; que je suis
heureux de vous revoir!... Eh bien !
est-ce que vous ne reconnaissez plus
les amis? — Si fait, si fait, que je
réponds, bien sûr que votre voix ne
m'est pas inconnue ; mais c'est qu'il
y a longtemps, bien longtemps que
je ne l'ai entendue...; attendez. —
Oh! j'attendrai volontiers, qu'il fait,
et je vais me reposer un instant sur
votre banquette, car j'ai doublé
l'étape aujourd'hui et je me sens un
peu fatigué.—Ah! cette fois, j'y suis,

que je fais à mon tour, et ce que vous venez de dire là m'ôte ma doutance. N'êtes-vous pas François, le fils au père Pénégaud, du moulin de Champvan, qu'êtes parti, il y aura bientôt huit ans, pour l'armée de la guerre? — Bravo, père Michel, qu'il s'écrie, permettez que je vous embrasse; que je suis heureux que vous m'ayez reconnu! Je parierais que mes parents et mes amis ne me reconnaîtront pas aussi bien; car je suis furieusement changé depuis huit ans. Quand je suis parti, j'avais la figure fraîche et rose d'un blanc-bec; aujourd'hui mon visage est bronzé par le soleil d'Afrique, j'ai une paire de moustaches qui s'étendent jusqu'à mes oreilles, et une barbiche d'un pied de long. —

C'est possible, que je réponds; mais votre voix n'est pas changée, et si j'ai hésité un instant à vous reconnaître, c'est qu'elle ressemble beaucoup à celle de votre frère, qui, depuis cinq ans, fait son tour de France; ce n'est que quand vous avez parlé d'étape que je me suis dit : Il n'y a pas à s'y tromper, c'est bien le militaire, et non pas le menuisier.

— Comment! m'écriai-je émerveillé dès qu'il eut cessé de parler, vous avez reconnu la voix d'un homme que vous n'aviez pas entendue depuis huit ans!

— Oh! monsieur Arthur, reprit l'aveugle, il n'y a rien là de bien extraordinaire; est-ce que tous les jours les *voyants* ne reconnaissent pas des figures qu'ils n'ont pas vues

depuis huit, dix et même quinze ans?
Eh bien, moi, je vois par les oreilles,
ou, pour parler plus clairement,
je conserve le souvenir des sons que
j'ai entendus mieux peut-être que
les voyants ne conservent le souvenir des traits qui ont frappé leurs
yeux. Comme vous autres, ajouta-
t-il, vous n'avez pas autant besoin
que nous, pauvres aveugles, de
faire attention aux sons, une foule
de détails vous échappent, qui
nous servent à nous d'indications
précieuses. Ainsi, outre la voix, le
bruit des pas, la manière de marcher me suffit souvent pour reconnaître quelqu'un. Par exemple, les
deux frères Pénégaud, François et
Jean, avaient la voix tellement sem-
blable, que j'aurais pris souvent l'un

pour l'autre, si François n'avait pas
eu le pas plus dégagé, plus léger
que celui de son frère, et si j'ai
hésité, quand François m'a abordé
ce matin, c'est que son pas est entièrement changé, soit par suite de
l'état militaire, soit par un effet de
la fatigue. »

J'étais de plus en plus étonné de
la sagacité de cet homme; mais mes
camarades me réservaient encore
d'autres surprises.

Édouard portait, suspendue à son
cou, une jolie médaille en or représentant la sainte Vierge; il la
détacha, et la présenta à l'aveugle
en disant : « Auriez-vous la com-
plaisance, père Michel, de tâter
cette médaille de cuivre doré, et

de nous dire si vous pouvez reconnaître ce qu'elle représente? »

L'aveugle prit la médaille, la frotta quelques instants entre le pouce et l'index de la main gauche, puis entre les mêmes doigts de la main droite, la flaira et dit en souriant :

« Ah! monsieur Édouard, vous voulez m'attraper, cette médaille n'est pas de cuivre.

— C'est peut-être de l'argent doré?

— Ce n'est pas de l'argent non plus, mais bel et bien de l'or pur, et il y en a pour quinze francs au moins, au poids seulement, car elle pèse cinq grammes; mais ce qui la rend plus précieuse, c'est l'image de la sainte Vierge qui y est gravée, avec ces mots : *Marie, conçue sans*

péché, priez pour nous. Conservez-la
soigneusement, monsieur Édouard,
ajouta-t-il en la lui rendant; car
vous portez sur vous l'image de la
plus tendre mère, qui n'abandonne
jamais ses enfants.

— Elle m'est doublement précieuse, répondit Édouard; car elle
m'a été donnée par ma mère, et elle
a été bénie par notre saint-père le
pape.

— Permettez-moi, reprit le bon-
homme, de la baiser avant de vous
la rendre; » et il la porta à ses lèvres
en prononçant à demi-voix le « Sou-
venez-vous, ô très pieuse Vierge »,
de saint Bernard; puis il la remit à
Édouard.

« Allons, mes amis, dit en ce

moment Jules, il est, je crois, temps de repartir.

— Mais non, il n'est pas tard, reprit Camille : quelle heure est-il au juste, père Michel ?

— Nous avons, dans ce moment-ci, six heures vingt-neuf minutes, répondit-il sans la moindre hésitation.

— Pourquoi ne dites-vous pas six heures et demie? repris-je en riant.

— Parce que M. Camille m'a demandé l'heure au juste; sans cela j'aurais pu dire : Il est près de six heures et demie.

— Vous êtes donc sûr que la demie n'est pas sonnée!

— Oui; mais pendant que nous

parlons la minute s'est écoulée, et elle va sonner à l'instant...; tenez..., écoutez un moment. »

Nous fîmes un profond silence; l'aveugle tenant le bras droit élevé, comme un chef d'orchestre qui s'apprête à donner le signal, l'abaissa lentement, et juste au moment où sa main droite frappait sur le dos de sa main gauche, appuyée sur son bâton, la demie sonna à l'horloge du bourg de Marcenay.

« Tiens! s'écria Émile, on dirait que le père Michel a dans sa main la corde du marteau de l'horloge.

— C'est vraiment merveilleux, dis-je à mon tour; vous avez donc une montre réglée à la minute sur l'horloge du bourg ?

— Une montre ! répliqua-t-il en souriant ; vous n'y pensez pas, monsieur Arthur ; une montre, à moi ! ce serait du luxe, du superflu, et souvent je manque du nécessaire, » ajouta-t-il en soupirant.

J'aurais bien voulu prolonger cette conversation, qui m'intéressait au plus haut degré, et lui adresser encore une foule de questions ; mais Jules était pressé de partir.

« Messieurs, nous dit-il, papa m'a recommandé d'être à la maison avant sept heures, et je n'ai que le temps juste d'arriver. Si vous ne voulez pas venir avec moi, je partirai seul.

— Nous nous en allons, » répondirent les autres, et tous ensemble répétèrent: « Bonsoir, bonsoir, père Michel.

— Bonsoir, mes enfants, bonsoir, » dit le vieillard. Puis s'adressant à Jules : « Vous avez raison, ajouta-t-il, soyez avant tout soumis à votre père, Dieu vous en récompensera. »

Nous nous éloignâmes, et aussitôt il recommença à réciter son chapelet, que notre arrivée avait interrompu.

IV

En retournant au bourg, on pense bien que notre conversation roula principalement sur le singulier personnage que nous venions de rencontrer. J'eus encore à essuyer quelques plaisanteries au sujet de la frayeur qu'il m'avait causée ; mais je le pris en riant, ou plutôt je n'eus pas l'air d'y faire attention, et je n'y répondis que par une foule de questions sur ce qui m'avait si fort étonné dans cet homme.

« Croyez-vous, demandai-je d'abord à mes camarades, qu'il n'y voie pas un peu, pour vous avoir tous si bien reconnus et nommés au moment même où vous vous êtes présentés devant lui?

— Il ne voit absolument rien, me répondirent-ils; car il a, dit-on, les yeux fondus dans la tête : de sorte qu'il passe de l'obscurité la plus profonde à la lumière la plus éclatante sans s'apercevoir du changement, sans éprouver la moindre sensation. Mais si la vue lui fait complètement défaut, en compensation il a les autres sens d'une délicatesse extraordinaire, comme tu as pu en juger. Dès qu'il a entendu une fois la voix de quelqu'un, il le reconnaîtra dans six mois, dans un an, dans dix ans même. Les per-

sonnes qu'il a l'occasion d'approcher fréquemment, il les reconnaît
non seulement à la voix, mais à
leur manière de marcher, de tous-
ser, de cracher, de se moucher; si
elles parlent plusieurs à la fois, il
les reconnaît toutes en même temps,
comme cela vient de nous arriver,
et cependant c'était la première fois
que nous nous trouvions tous les
cinq ensemble auprès de lui.

« Il a de plus une mémoire pro-
digieuse : il sait les noms de toutes
les personnes qui ont traversé le carrefour dans la journée, d'où elles
viennent, où elles vont, l'heure à
laquelle elles sont passées, et de
plus il se rappelle les mêmes détails
pour les jours précédents, quelquefois jusqu'à deux ou trois semaines

en arrière. Tu as vu un échantillon
de la finesse de son toucher, quand
il a manié la médaille d'Édouard ;
mais tu ne saurais encore te faire
une idée du degré de perfection
auquel il est parvenu à porter ce
sens. Ainsi reconnaître les pièces de
monnaie de tout âge, de tout métal,
de toute dimension ; en distinguer
le poids, la valeur, si elles sont
vraies ou fausses : tout cela n'est
pour lui qu'un jeu. Ses bras sont
de véritables balances à l'aide des-
quelles il pèse avec une justesse in-
croyable tous les objets qu'il peut
soulever. Il juge la capacité d'un
vase, petit ou grand, en touchant
les parois extérieures, et en dit la
contenance à quelques centilitres
près. Nous n'en finirions pas si nous

voulions raconter tout au long les résultats prodigieux auxquels il est parvenu à force de patience et d'intelligence, et cela de lui-même, sans maître, sans personne pour le diriger.

— C'est là surtout ce qui est merveilleux, répondis-je. J'ai souvent entendu parler d'aveugles fort instruits; mais ils avaient été élevés dans des institutions spéciales, où ils avaient reçu d'excellentes leçons. Savez-vous, ajoutai-je, s'il est aveugle-né, ou s'il a perdu la vue par accident?

— Nous ne savons pas, répondit Jules; je pense qu'il est aveugle de naissance.

— Je ne le crois pas, répliqua

Édouard, et la preuve, c'est qu'il
lit très bien les lettres en relief sur
les médailles et les pièces de monnaie, d'où je conclus qu'il savait
lire avant d'être aveugle; car comment aurait-il appris à connaître la
forme et la valeur des caractères,
puisqu'il n'a pas eu de maîtres pour
lui enseigner à lire avec ses doigts?

— Je crois ton observation fort
juste, mon cher Édouard, repris-je :
mais alors comment se fait-il que
l'on ne connaisse pas la cause qui l'a
privé de la vue?

— J'ai entendu dire à papa, répondit Émile, que c'était à la suite
d'une brûlure; mais il paraît qu'il
n'aime pas à parler de cet événe-
ment, et quand on lui adresse là-

dessus des questions, il détourne la conversation.

— Ce souvenir doit être, en effet, bien triste, observai-je, et je comprends qu'il n'aime pas à se le rappeler. »

Tout en causant ainsi, nous étions arrivés au bourg, et nous nous séparâmes.

Je ne manquai pas, en rentrant, de faire part à ma mère de tous les incidents de ma promenade, et surtout de ma rencontre avec l'aveugle de Marcenay. Je ne lui cachai pas même la frayeur que m'avaient causée sa voix lamentable et son apparition inattendue.

« Je te croyais plus brave, me dit ma mère en riant; mais cela t'apprendra à ne pas te laisser trom-

per si facilement aux apparences ;
car le père Michel, avec sa figure
et son air étranges, avec sa voix
qui mugit comme celle d'un tau-
reau, n'en est pas moins l'être le
plus inoffensif que je connaisse. Je
dirai même plus : c'est un pauvre
comme il n'y en a pas ; il reçoit, il
est vrai, d'abondantes aumônes, car
il est aimé et respecté de tout le
monde; mais à son tour lui-même
il fait la charité, et il soutient, du
superflu de ses aumônes, plusieurs
personnes plus pauvres que lui,
mais avec une discrétion et une délicatesse telles, que ces personnes
ignorent la main qui leur fait ces
dons, et je ne le saurais pas moi-
même si je ne l'avais appris par
hasard. J'ajouterai enfin que le père

Michel est un homme vraiment et sincèrement pieux. Les prières qu'il prononce à haute voix partent réellement de son cœur, et ce n'est pas sa faute s'il ne sait pas en modérer les élans, ni donner à sa voix une modulation plus agréable à l'oreille. Jamais il ne se rend à son poste de la Croix-Verte sans avoir entendu chaque jour la première messe, qui se dit à six heures du matin en été, et à sept heures en hiver; et jamais le dimanche il ne manque la messe paroissiale. »

Ma mère me confirma ensuite tout ce que m'avaient dit mes camarades, et ajouta une foule d'autres détails qui m'intéressèrent de plus en plus en faveur de cet homme. Maintenant je le trouvais presque

beau, lui qui m'avait paru si re-
poussant au premier abord, et je
me faisais une fête de causer avec
lui la première fois que j'aurais
occasion d'aller au carrefour de la
Croix - Verte.

V

Le lendemain, ma mère et moi
nous fûmes invités à aller passer
quelques jours chez une de ses
amies, qui habitait une jolie maison de campagne à huit kilomètres
de Marcenay. Les plaisirs que je
trouvai dans cette petite excursion,

à laquelle avaient été invités aussi Édouard et son cousin Camille, me firent oublier le père Michel. A notre retour à Marcenay, nous retrouvâmes nos premiers camarades, ainsi que deux nouveaux venus, qui nous attendaient avec impatience. C'étaient deux élèves du collège de..., qui avaient l'habitude de venir passer les vacances chez leur oncle, régisseur du château de Montrond, à deux kilomètres du bourg. Anciens amis de mes cinq camarades, c'est assez dire qu'ils devinrent bientôt les miens, et que nous formâmes ainsi une troupe de huit joyeux compagnons.

Nous recommençâmes avec un nouvel entrain nos jeux précédents, nous en ajoutâmes d'autres, mais nous finîmes par nous lasser des mêmes divertissements. Un jour, je ne sais lequel d'entre eux s'avisa de dire : « Si nous jouions au soldat, ce serait plus amusant.

— Tiens, c'est une idée ! Veux-tu ? veux-tu ? — Oui, oui, oui... » Et tout le monde d'applaudir.

Naturellement je fus consulté, en ma qualité d'élève de l'école militaire, et d'une voix unanime on me déféra le titre de général ou de colonel, à mon choix.

J'acceptai modestement et avec une joie contenue, comme il convient en pareille circonstance, ce témoignage de sympathie de mes camarades ; puis, leur adressant la parole avec l'autorité de l'expérience, je leur dis, comme aurait pu le faire un homme du métier :

« Mes amis, nous sommes trop peu nombreux pour former une brigade ou un régiment, et par conséquent pour avoir à notre tête un général ou un colonel. Nous pourrions tout au plus composer le cadre d'une compagnie, et dans ce cas vous n'avez besoin pour vous commander que d'un capitaine.

— Eh bien, va pour une compagnie, et sois notre capitaine ! » s'écrièrent-ils tous ensemble.

Je remerciai avec redoublement de modestie, quoique je fusse descendu à un grade bien inférieur, et je m'occupai immédiatement de l'organisation de notre compagnie.

Mais j'éprouvai bientôt de grandes

difficultés ; chacun voulait être officier, et il n'en fallait que deux, un lieutenant et un sous-lieutenant. Je ne pouvais leur faire entendre raison, et je vis le moment où notre beau projet allait tomber dans l'eau.

La vanité est presque aussi grande chez les enfants que chez les hommes. Mais enfin j'imaginai une combinaison qui satisfit à peu près tous les amours-propres.

Je me constituai de mon chef capitaine-commandant. Je nommai Édouard mon premier lieutenant, avec rang de capitaine en second. Un des nouveaux venus, élève du collège de..., fut nommé lieutenant en premier, faisant fonctions de sous-lieutenant. Jules fut promu

au grade de lieutenant en second,
faisant fonctions de sergent-major;
l'autre élève du collège fut sous-lieutenant en premier, avec fonctions
de fourrier. Émile fut sous-lieutenant en second, avec fonctions
de sergent; Camille, sous-lieutenant
porte-drapeau. Restait André, que
je voulais faire sergent simplement;
mais il refusa obstinément, en disant
qu'il entendait être officier comme
les autres. Son frère Émile s'avisa
de dire : « Il faudrait le nommer
tambour-major, il en a la taille, et
cela lui conviendrait parfaitement. »
Chacun se mit à rire, même André, qui trouva l'idée charmante.
Je voulus faire quelques objections,
en leur représentant qu'il n'y avait
qu'un tambour-major par régiment,

et qu'il ne pouvait y en avoir dans une compagnie.

« Bah ! qu'est-ce que cela fait ? me répondit-on ; tu as bien nommé un porte-drapeau, et il n'y en a aussi qu'un par régiment ; et d'ailleurs, comment veux-tu que nous mettions André dans nos rangs ? il nous dépasse de toute la tête. »

Je me rendis à d'aussi bonnes raisons, et tout le monde fut content, André surtout, parce que, disait-il, il marcherait en tête de tous les autres.

Voilà donc notre compagnie à peu près organisée ; il n'y manquait que des caporaux, des soldats et des tambours ; mais nous avions un tambour-major.

Je me mis aussitôt à leur enseigner les à droite, les à gauche, la marche au pas ordinaire, au pas accéléré et au pas gymnastique, enfin toutes les manœuvres du soldat sans armes, telles qu'on nous les enseignait à l'école de ma division. J'avais trouvé dans la bibliothèque de mon père une théorie d'infanterie, que je leur expliquais avec l'aplomb d'un officier instructeur.

Puis nous passâmes au maniement des armes, en nous servant de bâtons et de manches à balai en guise de fusils. J'aurais bien voulu armer ma petite troupe d'une manière plus convenable, et cela m'eût été d'autant plus facile qu'il y avait dans une des chambres de l'appartement de ma mère une véritable panoplie, qui avait appartenu à mon père et qui m'appartenait maintenant. Seulement je n'en avais pas la libre disposition; car quand je témoignai à ma mère le désir de prêter ces diverses armes à mes camarades, elle s'y opposa formellement.

« Sans doute ces armes sont à toi, me dit-elle avec bonté pour calmer le chagrin que me causait son refus; mais tu es encore trop petit et trop jeune pour t'en servir, et tous tes camarades sont dans le même cas. Quand tu auras atteint l'âge où tu pourras et sauras les manier, tu en auras la libre disposition; jusque-là, je te défends expressément d'y toucher, non seulement parce qu'il y aurait du danger à de jeunes étourdis comme toi et tes camarades

à vous en servir maintenant, mais
encore parce qu'il ne convient pas
que des armes qui ont appartenu à
ton père, et auxquelles il attachait
un grand prix, servent de jouet à
des enfants. »

C'était peu flatteur pour nous, et
surtout pour ma dignité de capitaine – commandant ; aussi je me
gardai bien de rendre compte à mes
camarades de l'opposition de ma
mère et des motifs de son refus.
C'eût été d'autant plus désagréable
pour moi, que je leur avais fait fête
de la remise de ces armes, ou plutôt
de mes armes (car je leur avais bien
fait sentir qu'elles étaient à ma disposition). Je m'étais réservé une
épée d'honneur que mon père avait
reçue pendant la campagne d'Es-

pagne en 1823 ; je destinais son sabre d'officier à Édouard, sa jolie carabine à Émile, son fusil d'officier à un des élèves du collège de C..., son fusil de chasse à son frère, un fusil de munition à André, un pistolet à Camille avec un yatagan, pour défendre son drapeau ; un autre pistolet à Jules.

En me voyant paraître au milieu d'eux les mains vides, mes camarades me demandèrent avec empressement pourquoi je ne leur apportais pas les armes que je leur avais promises. J'étais fort embarrassé, car je ne voulais pas leur dire la vérité ; d'un autre côté, je n'ai jamais eu le talent de mentir avec assurance, et toutes les fois qu'il m'est arrivé de chercher à déguiser la vérité, je l'ai

toujours fait d'un air si gauche, que
je n'ai jamais réussi à faire passer le
plus léger mensonge.

« J'ai réfléchi, leur dis-je en parlant lentement comme si j'eusse
cherché mes mots, j'ai réfléchi que
vous n'étiez pas encore assez forts
sur la théorie pour vous faire ma-
nœuvrer avec des armes véritables...

— Qu'est-ce que tu nous chantes
là, interrompit Émile, avec ta théorie? Est-ce que nous pouvons la
comprendre sans avoir un vrai fusil?
Par exemple, quand elle nous parle
de batterie, de chien, de cheminée,
de capsules, de sous-garde, de ca-
pucines, etc., est-ce que nous pouvons trouver toutes ces choses sur
un manche à balai?

— Apparemment, dit Jules, qu'il

veut aussi nous faire faire l'exercice à feu avec un bâton.

— C'est absolument comme le principal d'un certain collège, fit observer mon lieutenant en second, qui apprenait à ses élèves à nager sur les tables du réfectoire, et qui, disait-il, ne voulait les conduire se baigner dans la rivière que quand ils sauraient parfaitement nager.

— Il ne fallait pas nous les promettre, ajouta Édouard, puisque tu ne voulais pas nous les donner.

— Nous les prêter, dis donc, reprit son cousin Camille ; certainement nous ne prétendions pas qu'il nous en fît cadeau. »

Je ne savais où donner de la tête, ni que répondre à ces récla-

mations; enfin je dis en balbutiant
à Édouard :

« Mais certainement que j'ai toujours eu et que j'ai encore l'intention
de vous prêter ces armes..., mais
aujourd'hui le temps est humide,
et cela pourrait les rouiller... Après
cela, ma mère et ma tante étaient
dans la chambre, et ma tante jette
les hauts cris dès qu'elle voit manier un fusil ou un pistolet. Ainsi,
demain ou après-demain, ou dimanche au plus tard, je vous les
promets. »

Mes camarades ne furent pas
dupes de ma mauvaise défaite; mais
ils parurent s'en contenter pour le
moment.

Je croyais gagner beaucoup en
gagnant du temps. Mes camarades

ne m'en parlèrent plus ce jour-là;
mais les jours suivants ils me rap-
pelèrent mes promesses; enfin ils
me harcelèrent tant, que je m'en-
gageai positivement à les satisfaire
le dimanche suivant. Je choisis ce
jour-là parce que ma mère devait
aller passer une partie de la se-
maine chez son amie où je l'avais
déjà accompagnée; cette fois elle
ne m'emmenait pas avec elle, parce
que cette dame était malade, et
qu'elle craignait que je ne m'en-
nuyasse loin de mes petits camarades. En conséquence il fut convenu
que je resterais avec ma grand'tante
et sa bonne.

VI

Le dimanche matin, après avoir
entendu la messe, à laquelle j'assis-
tais avec elle, ma mère partit pour
aller chez son amie. Elle était accompagnée de la bonne de ma tante,
qui devait revenir dans la journée.

Je me trouvai donc seul à la
maison ; car ma grand'tante ne
quittait guère sa chambre du rez-
de-chaussée, et l'appartement de
ma mère était au premier. J'avais
donné rendez-vous pour ce moment
à quelques-uns de mes camarades,

qui devaient m'aider à emporter les
armes. En un instant la panoplie fut
dégarnie. Ce ne fut pas sans éprouver un certain remords, en pensant
à la défense expresse de ma mère,
que je me décidai à enlever ces objets. J'éprouvai même un instant
d'hésitation; mais la crainte de
m'attirer les reproches de mes camarades l'emporta. A tout âge le
respect humain est le plus dangereux des conseillers.

Le reste de la troupe nous atten-
dait dans le jardin de M. Bonami,
qui était voisin de notre maison. Je
fus accueilli avec enthousiasme par
mes camarades, qui me portèrent
presque en triomphe. Cette ovation
acheva de me faire oublier la défense de ma mère.

Nous commençâmes tout aussitôt l'exercice de pied ferme avec de *vrais fusils,* au lieu de nos ignobles manches à balai. Au bout d'une demi-heure, Édouard dit qu'il en savait assez, et que maintenant il faudrait faire l'exercice à feu, et nous amuser à tirer à la cible. Tous furent de cet avis; mais je leur fis observer que je n'avais ni poudre ni plomb, et que je ne m'étais point engagé à leur en fournir.

« C'est juste, reprit Édouard : eh bien ! moi, je vais en demander à mon père, qui en a une grande quantité, et qui ne nous en refusera pas. » Et il courut aussitôt à la maison.

Un instant après, il revint l'oreille basse, la figure allongée, et nous

avoua d'un ton piteux que non
seulement son père lui avait refusé
de la poudre et du plomb, mais qu'il
lui avait expressément défendu de
se servir d'un fusil ou d'un pistolet
chargé, ajoutant qu'il trouvait fort
déplacé de ma part d'avoir mis entre les mains de mes camarades les
armes à feu de mon père.

Oh! si c'était à recommencer,
dis-je en moi-même, bien sûr que
je ne le ferais pas!

Nous nous regardâmes un instant
en silence sans savoir quel parti
prendre.

« Et toi, Jules, dit Camille, est-ce
que ton père ne t'en donnerait pas?
Je t'ai vu quelquefois tirer des coups
de fusil avec lui dans le pré du
moulin.

— Oui, avec lui, reprit Jules;
mais seul, jamais, surtout depuis
l'accident arrivé au fils du grand
Guillaume, qui a eu deux doigts
de la main emportés. »

André et Émile déclarèrent que
leur père n'avait ni fusil ni poudre,
et que bien certainement il ne leur
permettrait pas de s'en procurer.

« Allons, ajouta Émile en soupirant, voilà une belle partie man-
quée!

— Pas encore, s'écria tout à coup
l'aîné des deux collégiens de C...;
écoutez : le fils du garde-chasse du
château dont mon oncle est régisseur m'a offert plusieurs fois de la
poudre, des balles et même un fusil
pour chasser autour de la maison.
Je vais lui en demander; dans une

demi-heure je vous aurai rejoints.
Mais, j'y pense, ajouta-t-il après ré-
flexion, nous ne pouvons pas rester
ici pour nos exercices à feu. Le bruit
de notre mousqueterie se ferait entendre dans le bourg, et M. Bonami,
M. le maire et le père de Jules pour-
raient venir nous déranger. Allez
plutôt à la ferme de la Michaudière,
où nous serons parfaitement tran-
quilles. Partez en avant; vous m'at-
tendrez au carrefour de la Croix-
Verte, où je vous rejoindrai avec
les provisions, si je puis m'en procurer. Si je n'en ai pas, nous n'irons
pas plus loin, et nous reviendrons
ici. »

Cet avis fut adopté à l'unani-
mité, et nous nous mîmes aussitôt
en route.

Arrivé à quelque distance du carrefour, j'arrêtai mes camarades, et je leur dis : « Il me vient une idée ; nous allons joliment intriguer le père Michel, si vous voulez. Rangez-vous sur deux rangs, dans le plus grand silence, et marchons au pas ordinaire en marquant fortement la mesure ; de cette manière, il ne pourra nous reconnaître, ni à notre voix, ni à notre marche. »

Tous ne demandèrent pas mieux ; et s'alignèrent aussitôt. Ils partirent bien ensemble au commandement de *marche !* Pour leur faire conserver la cadence du pas, je répétai quelque temps « gauche, droite ; gauche, droite » ; puis je me contentai de la marquer par un mouvement régulier de mon sabre, de sorte qu'en arrivant au carrefour, tous les pas n'en faisaient qu'un qui retentissait sur la terre durcie. Le pauvre aveugle ne savait pas ce que ce pouvait être; au lieu de s'avancer comme d'habitude sur le bord du chemin, en criant à sa manière, il s'effaçait le plus possible contre l'ormeau qui lui servait d'abri, en murmurant tout bas ses patenôtres.

Quand nous eûmes défilé devant lui, je commandai en grossissant et en changeant ma voix : « Garde à vô! peloton, halte! » Mais je n'avais pas achevé ces paroles, que le père Michel, s'avançant de quelques pas, s'écria : « Tiens, tiens, c'est vous, monsieur Arthur! » Et tous mes compagnons d'éclater de rire et de rompre les rangs, et lui de continuer :

« Tiens, c'est vous, monsieur Édouard, monsieur Émile, monsieur André, monsieur Jules, monsieur Camille! et puis vous aussi, monsieur Joseph (c'était celui des collégiens de C... dont le frère était allé chercher nos munitions de guerre)! Il y a longtemps que vous n'êtes venu ici : un an au moins, je crois.

— C'est vrai, je n'y suis pas venu depuis les vacances dernières.

— Et M. Edmond, votre frère, est-ce qu'il n'est pas avec vous?

— Pardonnez-moi; mais il nous a quittés pour un instant, et il nous a donné rendez-vous ici, où nous allons l'attendre.

— En ce cas, si vous voulez, Messieurs, vous reposer en l'attendant, asseyez-vous sur ma banquette. »

Ce qu'il appelait sa banquette était une espèce de banc de gazon creusé dans le talus du chemin, de chaque côté du vieil ormeau sous lequel il s'abritait, et qui servait à reposer les voyageurs fatigués qui passaient par le carrefour.

Quand nous fûmes assis, je lui demandai comment il avait pu me reconnaître, n'ayant entendu ma voix qu'une fois, et il y avait déjà au moins quinze jours.

« Il y a aujourd'hui dix-huit jours, monsieur Arthur, répondit-il; mais vous savez que ce n'est rien, et je l'aurais aussi bien reconnue dans un an, comme celle de M. Joseph, quoique vous ayez essayé de la changer... Mais, à propos, à quel jeu donc que vous jouiez, que je n'ai pas reconnu votre pas ni aux uns ni aux autres?

— Ah! c'est, répondit Édouard, que depuis quelque temps Arthur nous apprend à faire l'exercice, et que nous jouons tous les jours au soldat.

— Ce n'est pas étonnant, reprit l'aveugle, M. Arthur est fils d'un capitaine; et d'ailleurs tous les jeunes gens aujourd'hui ont le goût militaire.

— Sans compter, dit Émile, qu'il nous a joliment appris le maniement des armes, et que tout à l'heure nous allons faire l'exercice à feu.

— L'exercice à feu! s'écria l'aveugle d'un air stupéfait; mais, mes enfants, vous avez donc de la poudre?

— Nous n'en avons pas encore, reprit Émile, mais Edmond va nous en apporter.

— Ah! mes bons petits messieurs, prenez bien garde de jouer avec la poudre, c'est quelque chose de bien dangereux.

— Oh! ça nous connaît, dit Jules d'un air capable, et nous n'en avons pas peur.

— Cela ne m'empêche pas de vous le répéter, mes amis, répliqua l'aveugle, prenez bien garde ; car de plus expérimentés que vous y ont été pris, et je n'entends jamais sans trembler des enfants de votre âge parler de jouer avec la poudre. Hélas! combien d'enfants ont été blessés plus ou moins grièvement, et estropiés pour le reste de leurs

jours, en s'amusant à ce jeu funeste !
Vous en avez devant vous, mes bons
amis, un bien triste exemple, car
c'est la poudre qui m'a mis dans
l'état où vous me voyez, et cela vers
l'âge où vous êtes tous.

— Comment ! comment ! père
Michel, nous écriâmes-nous presque tous ensemble, c'est une explosion de poudre qui vous a rendu
aveugle ! Est-ce un fusil qui a crevé
dans vos mains, comme celui du fils
au grand Guillaume ? Oh ! contez-
nous ça, contez-nous ça, nous vous
en prions.

— Je le veux bien, mes bons petits messieurs, quoique je n'aime
guère à raconter mon histoire au
premier venu ; d'abord parce qu'elle
me rappelle de tristes, de déchi-

rants souvenirs ; puis bien des gens,
au lieu de me plaindre, sont tentés
de dire : C'est sa faute, il l'a bien
mérité. Mais pour vous, Messieurs,
cette histoire peut être utile, et dans
ce cas je me fais, non pas un plaisir, mais un devoir de vous la raconter. »

Nous fîmes un profond silence ;
il s'assit sur une espèce d'escabeau
près de son ormeau et commença
en ces termes :

VII

« Je suis né au hameau des Brosses,
dépendant de la commune de Marcenay, et qui en est éloigné de deux
kilomètres. Mon père était carrier
et tailleur de pierres; nous n'avions
pour vivre que le produit de son
travail, et nous étions plusieurs
enfants : c'est assez vous dire que
nous étions parfois bien gênés. Mais
mon père était un homme plein de
confiance en Dieu, et quand ma
mère se désolait et qu'elle voyait
l'avenir tout en noir, mon père lui

disait : « Femme, ne te tourmente pas ainsi ; Dieu ne nous abandonnera pas ; tu sais bien qu'il protège toujours les grandes familles. Pourvu qu'il m'accorde la force de travailler jusqu'à ce que les enfants puissent nous aider, c'est tout ce que je lui demande. Voilà Michel, notre aîné (c'était de moi qu'il parlait, le pauvre cher homme) ; voilà Michel qui bientôt ne sera plus à notre charge, et qui pourra même nous aider, et aider ses frères dans deux ou trois ans, puisque son cousin veut en prendre soin et le pousser dans sa partie. »

En effet, Messieurs, une bien belle carrière semblait s'ouvrir devant moi à douze ans. J'étais grand pour mon âge, robuste et de plus

assez instruit. J'avais suivi avec le
plus grand succès l'école de Marcenay, de sorte que l'instituteur, ayant
remarqué mes heureuses disposi-
tions, s'était attaché à moi : j'avais
fait de rapides progrès. A dix ans,
je savais déjà passablement lire,
écrire et calculer. Mon père me fit
alors écrire une lettre à un de ses
cousins qui était associé d'un riche
maître de forges du Berri. Le cousin
fut si content de ma lettre, qu'il en-
gagea mes parents à me pousser,
promettant qu'à l'âge de douze ans
il me placerait à ses frais dans un
collège de la ville pour me perfec-
tionner, et qu'à quinze ans il me
prendrait avec lui et m'emploierait
comme commis. C'était comme cela
qu'il avait commencé, et mainte-

nant il était riche à des cent et
cent mille et je ne sais combien de
francs.

Je vous laisse à penser si mon
père était content; et moi, je ne me
sentais pas de joie. Je redoublai de
zèle, si bien qu'au bout d'un an ou
dix-huit mois, l'instituteur de Marcenay déclara qu'il ne pouvait plus
rien m'apprendre. En effet, je n'a-
vais pas encore douze ans, que je
connaissais toutes les écritures en
usage alors, la coulée, la bâtarde,
la ronde. Les quatre règles de l'arith-
métique étaient un jeu pour moi, et
j'abordais sans difficulté les règles
de trois et les opérations les plus
compliquées sur les fractions.

Le cousin, avec qui j'avais con-
tinué d'entretenir correspondance,

déclara que le moment était venu de remplir sa promesse; en conséquence, je devais me tenir prêt à partir pour le collège au mois d'octobre suivant.

Fier de l'avenir qui se préparait pour moi, je me croyais déjà un personnage. A peine daignais-je écouter les avis que me donnait souvent ma bonne mère; depuis quelque temps même je n'obéissais à ses recommandations ou à ses ordres qu'autant que cela me faisait plaisir. Elle s'en plaignait quelquefois, non pas à mon père, qui se serait mis fort en colère, mais à moi-même, et elle me disait : « Mon pauvre Michel, toi qui es l'aîné de la famille, tu devrais servir de modèle à tes frères et sœurs; et, au lieu

de cela, tu leur donnes le mauvais
exemple de la désobéissance et du
manque de respect envers ta mère.
Rappelle-toi ce commandement de
Dieu : Père et mère honoreras ; et
souviens-toi que le bon Dieu punit
toujours les enfants désobéissants. »

Mais je ne faisais que rire de ces
remontrances, et je recommençais
de plus belle à lui désobéir quand
l'occasion s'en présentait.

Un jour, mon père avait acheté
de la poudre pour charger une mine
dans la carrière qu'il exploitait. Il la
serra dans une grande armoire, et
en mit la clef dans sa poche. « Père,
lui dis-je, voudriez-vous me donner
un peu de poudre pour faire des
fusées? — Non, me répondit-il, je
n'ai que juste ce qu'il me faut pour

charger ma mine, et d'ailleurs la
poudre coûte de l'argent, et je n'ai
pas le moyen d'en acheter pour
faire des pétards. Au surplus, j'en
aurais de reste que je ne t'en don-
nerais pas. Tu es encore trop jeune
pour manier la poudre, et je te défends d'en demander au garde, qui
a eu déjà une fois l'imprudence de
t'en donner, ou de chercher à t'en
procurer d'une manière ou d'une
autre. » Je n'insistai pas; car mon
père n'était pas homme à revenir
sur une résolution aussi formellement arrêtée.

Il sortit. Quelque temps après,
ma mère rentra, et comme elle
avait besoin dans l'armoire, elle
l'ouvrit avec une double clef qu'elle
avait et qu'elle laissa à la porte.

J'épiai le moment où elle était occupée dans une chambre voisine, pour ouvrir doucement l'armoire, et prendre deux ou trois poignées de poudre dans le sac que mon père venait de serrer.

J'avais déjà refermé la porte de l'armoire, et enveloppé la poudre dans mon mouchoir, quand ma mère revint. Elle ne s'était aperçue de rien, et un instant après elle me donna une commission pour aller au bourg. Je ne demandais pas mieux, pour avoir occasion de montrer le produit de mon larcin à quelques petits camarades, et nous amuser ensemble. Elle me recommanda de ne pas m'arrêter trop longtemps, et surtout de ne pas aller jouer avec le fils Bertholet, qui

ne jouissait pas d'une bonne réputa-
tion, et dont j'avais fait depuis
quelque temps mon ami.

Ce fils Bertholet était celui qui
déjà m'avait donné de la poudre,
qu'il avait volée à son père, garde
champêtre de la commune. J'avais
rapporté cette poudre à la maison;
et mon père ayant demandé d'où
elle provenait, j'avais répondu ef-
frontément que c'était le garde lui-
même qui me l'avait donnée.

Je promis à ma mère tout ce
qu'elle voulut, bien décidé intérieu-
rement à n'en faire qu'à ma tête.

La première chose que je fis en
arrivant au bourg fut d'oublier ma
commission, et de courir chez le
fils Bertholet. « Oh! s'écria-t-il en
voyant la quantité de poudre que

j'avais dans mon mouchoir, nous
allons joliment nous amuser! Je vais
encore en chiper un peu dans la
poudrière de mon père ; nous la
mêlerons avec la tienne, et nous
en ferons un énorme marron, qui
éclatera avec autant de bruit qu'un
canon. »

En un instant il se fut procuré le
supplément de poudre, et eut con-
fectionné un marron énorme, bien
ficelé et même goudronné. Nous
allâmes, pour le faire partir, au
milieu du pâtis attenant au bourg.
Deux ou trois bambins de l'école
nous avaient suivis, et bientôt nous
fûmes entourés d'une demi - dou-
zaine d'autres enfants qui faisaient
paître des moutons et des vaches
aux environs.

Bertholet plaça le marron sur une pierre qui servait de siège aux bergers; je mis le feu à la mèche, et nous nous éloignâmes à une certaine distance pour attendre l'effet de l'explosion.

L'attente fut longue, surtout pour des impatients comme nous. Plusieurs minutes s'étaient écoulées, et déjà les spectateurs que nous avions invités commençaient à murmurer : les uns se moquaient de nous, les autres disaient que nous voulions nous moquer d'eux.

Bertholet me dit : « Il est probable que la mèche s'est éteinte. — Je vais y voir, » répliquai-je ; et aussitôt je courus vers le marron. Au moment où je me baissais pour regarder si la mèche brûlait encore, je me sentis renverser par un coup épouvantable, qui sembla me dé-chirer et m'emporter le crâne. Je tombai sans connaissance, et ce ne fut que longtemps après que je sus ce qui s'était passé.

Le marron avait fait explosion au moment même où je m'étais baissé, et toute la charge avait porté en plein dans ma figure. Mes camarades, en me voyant tomber, m'avaient cru mort, et étaient accourus annoncer cette nouvelle dans le bourg.

Un grand nombre de personnes arrivèrent à la hâte, et l'on me transporta chez mon père.

Je ne repris connaissance que pour éprouver d'horribles douleurs, et pour m'apercevoir que j'avais perdu à jamais la lumière du jour!

Je n'essayerai pas de vous peindre la désolation de ma famille. Hélas! elle venait encore s'ajouter aux affreux tourments que j'endurais. Ce n'était pas assez que, par ma faute, par ma désobéissance, j'eusse fait le malheur de toute ma vie; il fallait ainsi que j'eusse causé celui de toute ma famille!...

Mon père, accablé de chagrin, tomba malade, et mourut dans le courant de l'année; ma mère, ma pauvre mère le suivit de près; et sur son lit de douleur elle n'eut que des paroles de consolation et de pardon pour moi.

C'est elle qui m'avait soigné pendant la douloureuse maladie qui suivit mon affreuse catastrophe; grâce à ses soins je conservai la vie : non

que la vie pût m'offrir désormais le
moindre attrait ; mais elle était encore un bienfait pour moi, en ce sens
qu'elle me donnait le temps d'expier
mon crime.

Mes frères et sœurs furent reçus
comme domestiques dans des fermes
du voisinage; et moi, qui devais
être un jour un membre utile de
la société, l'appui de mes frères et
sœurs, le soutien de mon père et
de ma mère dans leurs vieux jours,
j'avais avancé leur mort, entraîné
la ruine de ma famille, et je n'étais
plus au monde qu'un être inutile, à
charge à moi-même et aux autres...
et tout cela par ma faute!... par
ma désobéissance à mes parents!...
O mes bons amis! pouvez-vous vous
figurer tout ce que cette pensée dou-

3*

loureuse, ou plutôt ce remords cui-
sant, m'a causé de tortures depuis
quarante-huit ans que le malheur
est arrivé!... »

Ici le père Michel resta quelques
instants la tête appuyée sur ses
mains, et poussant de profonds sou-
pirs, puis il continua ainsi :

« Voilà, Messieurs, ce que j'avais
à vous raconter. Après ce que vous
venez d'entendre, vous ne devez pas
être étonnés de la surprise et de la
crainte que j'ai ressentie pour vous
en apprenant que vous alliez jouer
avec des armes à feu. Sans doute
vous n'avez pas à redouter le même
malheur que moi, parce que vous
êtes tous des enfants chrétiens, bien
élevés, soumis à vos parents, et que
vous avez obtenu d'eux, qui sont

meilleurs juges de votre prudence
que moi, la permission de vous li-
vrer à ce dangereux amusement.
Dans ce cas-là, je ne puis que vous
donner le conseil de redoubler de
précautions; mais dans le cas contraire, si c'était malgré la défense
de vos parents, ou même à leur
insu, je vous dirais hardiment : « Mes
enfants, n'allez pas plus loin : c'est
Dieu qui m'a placé sur votre chemin
pour vous donner ce dernier avertissement : malheur à vous si vous
ne le suivez pas!... »

VIII

Il s'était levé en prononçant ces dernières paroles. Son bras était étendu vers nous comme pour nous barrer le passage, sa voix avait un accent d'autorité qui commandait l'obéissance, et toute son attitude avait quelque chose d'imposant qui inspirait la crainte et le respect.

Nous nous regardions en silence, fort embarrassés de notre contenance. Édouard, qui était à côté de moi, me serra la main en me disant tout bas : « Ma foi, j'ai bien envie de m'en aller à la maison : et toi?

— Moi aussi, répondis-je. » Et nous nous levâmes aussitôt.

Tous nos camarades en firent autant, et, devinant notre pensée, ils s'apprêtaient à nous suivre, quand Edmond arriva en montrant d'un air triomphant une jolie poire à poudre qu'il tenait d'une main, et un sac à plomb qu'il portait dans l'autre.

« Hein? s'écria-t-il tout essoufflé; j'espère que je vous apporte une bonne provision de munitions, et que nous aurons de quoi tirailler jusqu'à ce soir! Figurez-vous que j'ai cru un instant que j'allais faire chou blanc. Le fils du garde était parti, et ne devait rentrer que ce soir; alors il m'est venu une idée : je suis allé dans la chambre de mon oncle, et j'ai pris dans son carnier la poire à poudre et le plomb que voilà.

— Et ton oncle le sait-il? dit Édouard.

— Bien sûr que non, qu'il ne le sait pas; et il faut bien prendre garde qu'il ne le sache, car il serait joliment en colère. Ce soir, en rentrant, je remettrai sans qu'il s'en aperçoive la poire à poudre et le sac dans le carnier ; seulement il faudra avoir soin de laisser un peu de poudre et de plomb...

— Moi, je dis, interrompit Édouard, que tu as eu là une fort mauvaise idée, et tu peux dès à présent reporter la poudre et le plomb où tu les as pris : nous ne nous en servirons pas.

— Non, appuyai-je, et nous re-
nonçons pour aujourd'hui à l'exercice à feu.

— Et pourquoi cela? quel caprice
vous passe par la tête?

— Ce n'est pas un caprice, reprit
son frère Joseph; si tu avais entendu l'histoire que vient de nous
raconter le père Michel, tu serais
de leur avis.

— Et quelle est cette histoire?

— Viens avec nous, et tu la sauras, » dit Édouard.

Et nous nous mîmes tous en route
pour retourner à Marcenay, après
avoir remercié le père Michel de
ses bons conseils, tandis que de son
côté il nous félicitait de notre résolution.

Nous racontâmes à Edmond l'his-

toire du père Michel; mais, selon
lui, il ne voyait pas encore pourquoi
cela nous avait arrêtés dans l'exécu-
tion de notre projet, et il tentait de
nous y ramener, lorsque nous fûmes
rejoints par un domestique de son
oncle qui lui dit dès qu'il fut près de
nous : « Ma foi, monsieur Edmond,
je suis bien aise de vous rencontrer;
M. votre oncle est furieux contre
vous; il s'est aperçu que vous lui
aviez pris dans son carnier sa poudre et son plomb, pour aller tirer
des coups de fusil à la ferme de la
Michaudière avec ces messieurs; il
est allé lui-même vous y chercher,
et il a dit qu'il vous ramènerait par
les oreilles, et vous renverrait demain à votre collège; en même
temps il m'a envoyé dans le bourg

prévenir M. le maire, M. Bonami,
Mme Delport et le père de M. Jules,
que vous étiez tous ensemble à la
Michaudière, faisant entre vous la
petite guerre avec des fusils, des
pistolets, des sabres qui pouvaient
vous blesser, et que, si l'on ne vous
retirait pas les armes que vous aviez,
il n'enverrait plus ses neveux jouer
avec vous. »

Nous eûmes toutes les peines du
monde à faire comprendre à cet
homme qu'il était inutile d'aller
prévenir nos parents, puisque nous
n'étions pas allés à la Michaudière ;
que nous n'avions pas tiré un seul
coup de fusil ; que nous en avions
bien eu d'abord l'intention, mais
qu'en réfléchissant davantage nous
avions changé d'avis ; que, pour

preuve, nous reportions les armes
où nous les avions prises, et qu'Edmond s'apprêtait aussi à reporter la
poudre et le plomb de son oncle,
mais qu'il vaudrait mieux que lui,
Antoine (c'était le nom du domestique), se chargeât de cette commission, pour apaiser l'oncle en lui
expliquant comment les choses s'é-
taient passées; qu'enfin, en inter-
rogeant le père Michel, on pourrait
s'assurer de l'exactitude de ces faits.

Le domestique partit avec les
munitions. Nous nous hâtâmes de
rentrer à la maison, et je m'em-
pressai de remettre en ordre toute
la panoplie de mon père.

A peine avais-je terminé cette
opération, que ma mère arriva avec
la bonne qui l'avait accompagnée.

L'indisposition de son amie était
entièrement passée, et elle devait
partir le lendemain matin pour un
assez long voyage.

Ma mère ne se douta pas que
j'avais enfreint un instant sa défense; les parents de mes camarades
ne surent pas davantage le projet de
notre escapade. L'oncle d'Edmond
s'apaisa en voyant sa poudre et son
plomb intacts, et d'après les explica-
tions que lui donna le père Michel.
Nous devions donc à notre rencontre
avec ce dernier d'avoir évité une
forte réprimande, une punition sé-
vère de la part de nos parents, sans
parler des accidents dont quelques-
uns d'entre nous auraient peut-être
été les victimes.

Pour moi, j'ai toujours eu la con-

viction, et je l'ai encore aujour-
d'hui, que si j'avais résisté au sa-
lutaire avertissement de l'aveugle,
il me serait arrivé quelque grand
malheur qui aurait peut-être fatale-
ment marqué dans ma vie.

FIN

11225. — Tours, impr. MAME.

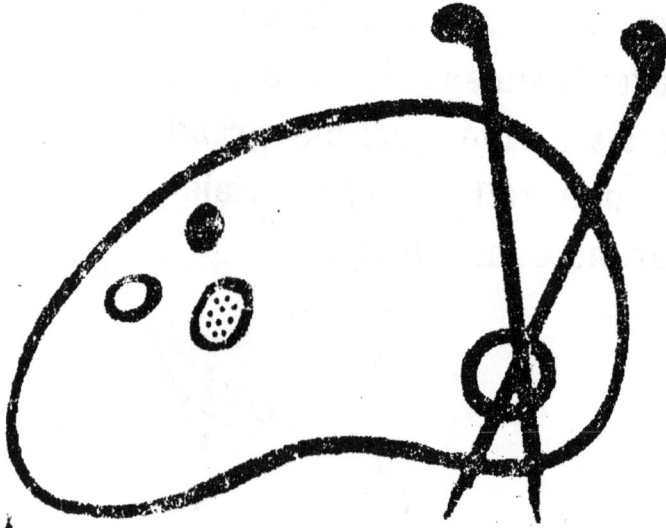

Original en couleur

NF Z 43-120-9

www.ingramcontent.com/pod-product-compliance
Lightning Source LLC
Chambersburg PA
CBHW060619100426
42744CB00008B/1437